만화로 배우는
공부하는 방법을 알자

만화로 배우는
공부하는 방법을 알자

인쇄일 | 2024년 3월 25일
발행일 | 2024년 3월 30일

원작 | 임영화   **구성·그림** | 이상미
디자인 | 서경민
펴낸이 | 김표연   **펴낸곳** | (주)상서각
출판신고 | 2015년 6월 10일 제25100-2015-000051호
주소 | 경기도 고양시 일산동구 성현로 513번길 34
전화 | (02) 387-1330
FAX | (02) 356-8828
이메일 | sang53535@naver.com

ISBN 978-89-7431-517-7(77370)

값 15,000원
※ 잘못된 책은 바꾸어 드립니다.

만화로 배우는
공부하는 방법을 알자

원작·임영화
구성/그림·이상미

상석각

머리말

　사람은 일단 태어나면 의무적이든 선택적이든 사회에 적응하기 위한 여러 가지 방법을 취해야 합니다.
　그 중 가장 오랜 기간 동안 몸담아 신경써야 하는 것이 '공부'라는 것입니다.
　초등 학교 6년, 중학교 3년, 고등 학교 3년, 대학교 4년, 자그마치 16년을, 경우에 따라서는 그 이상이나 이하를 공부에 매달려야 합니다.
　그리고 그 공부를 익히기 위해 매일 학교를 다니며 여러 가지 것을 배우고 익힙니다. 사제지간의 도리, 친구들과의 우정, 공동 생활의 참여 등.
　이런 것들은 사람이 살아가는 동안에 필연적으로 부딪치는 문제들입니다. 이런 문제에 기본적으로 대처할 인격이 갖춰져 있지 않으면 사회 생활에 무리가 올 수도 있습니다.
　애석하게도 요즈음 학교에서는 그 학생이 얼마나 단정한가, 얼마나 친절한가, 또 얼마나 성실한가 등의 인간의 기본 인격을 성적의 기준으로 삼지는 않습니다.
　학과 공부를 얼마나 잘 하나, 못하나 라는 것을 기준으로 그 학생의 성실도를 판가름합니다.
　이러한 평가 기준이 반드시 옳다고는 할 수 없지만 어찌 보면 영 틀린 것만도 아닌 것 같습니다. 왜냐 하면, 학과 공부를 잘 하는 것이 곧, 학생의 본분에 성실한 것이라고 볼 수 있기 때문입니다.
　학교를 다니는 학생으로 그날 그날 수업에 열중하고 생활에 충실하다면 성적이 나쁠 리가 없을 테니까요.
　그렇다고 여러분에게 모든 것을 무시한 채 공부에만 매달리라는

 것은 아닙니다. 가능하면 학생의 본분을 지키도록 노력하라고 당부하고 싶은 것입니다.
 그러면 학생이라는 신분에 충실하도록 공부를 해야겠는데 어떻게 하면 공부를 잘 할 수 있을까요?
 첫째, 공부를 어려운 것이라고 생각해서는 안 됩니다. 어렵고 힘든 일을 할 때 사람들은 쉽게 싫증을 내게 되고 의욕을 상실하게 됩니다. 이런 결과가 빚어진다면 공부를 잘 할 수 없게 될 것입니다.
 둘째, 공부는 기술적으로 능률이 오르게 하여야 합니다. 혹 공부에 무슨 기술이 필요하냐고 반문하는 사람이 있을지 모르지만 똑같은 1시간을 공부하더라도 2페이지를 읽는 것보다 5~6페이지를 읽고 이해할 수 있다면 더욱 좋을 것입니다.
 셋째, 공부에 집중할 수 있는 분위기를 만들어야 합니다. 이것은 주위 환경을 공부하기에 적합한 장소로 만들도록 적극적으로 노력하는 것은 물론, 나아가서는 어느 장소에 있든 공부에 열중할 수 있는 집중력을 계발해야 합니다.
 넷째, 공부를 잘 하려면 뭐니뭐니해도 우리의 몸을 건강하게 유지해야 합니다. 육체적인 건강은 물론 정신적인 건강까지 포함해서 심신이 상쾌하도록 항상 보살펴야 합니다.
 이상의 것들이 잘 어우러진다면 이제 여러분은 모두 공부를 잘 할 준비가 된 것입니다.
 모쪼록 여러분 모두 이 책에서 자신이 원하는 학습법을 터득하길 바랍니다.
 자, 그럼 이제 우등생이 되어 봅시다.

저자 씀

차 례

- 머리말 　　4

- 등장 인물 　　8

I can do it! 　　10

반장이 된 젤리 　　22

할 일은 미리미리 　　34

한결같은 노력 　　44

자신에게 맞는 목표 만들기 　　62

일정표 만들기 　　74

슬럼프 극복하기 　　86

요행을 바라는 마음 • 92

공부의 의미 • 108

캐로의 욕심 • 116

뭉크의 시간 개념 • 138

공부를 위한 환경 • 144

일기를 쓰자 • 162

정신 집중 게임 • 170

효과적인 공부 • 178

등장인물

🔼 선생님

🔼 메메

🔽 젤리

🔼 파파야

🔼 뭉크

반장이 된 젤리

정말 사람은 마음먹기에 따라 많이 달라지는 것 같아요.

너희들도 많이 도와 줘서 고마워.

자~ 앞으로는 자신을 실수투성이 패배자라고 단정짓지 말고

누구나 실수할 수 있다는 것을 인정하고, 용기와 자신감을 가지고

스스로를 격려한다면 누구나 무엇이든지 해낼 수 있다는 것을 잊지 말도록! 공부도 마찬가지겠지?

할 일은 매테매테

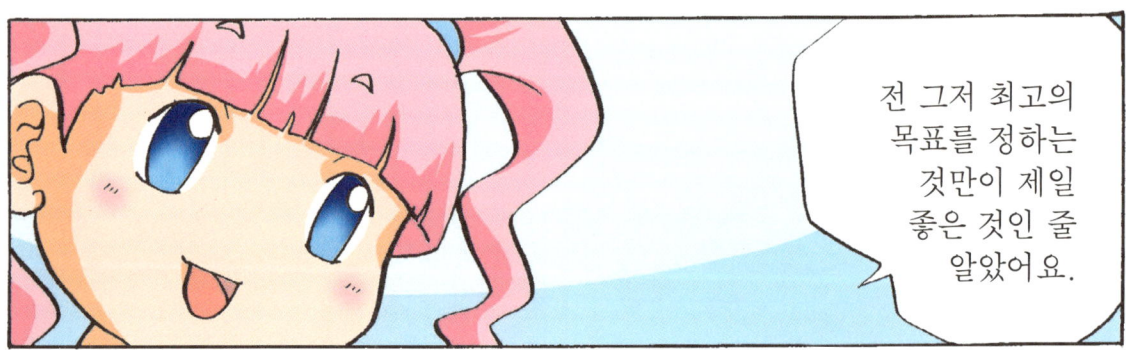

일정표 만들기

슬럼프 극복하기

아무리 높은 산도 정상이 있는 것처럼 열심히 걷다 보면 쉽게 걸을 수 있는 내리막길도 접하게 되지.

힘들다고 도중에 멈춰 버리면 산 정상은 절대로 밟을 수가 없겠지?

네, 선생님.

 # 요행을 바라는 마음

흐~야, 나도 하고 싶다.

드디어 시합날.

삐익~

100 공부 요령이 쏘~옥, 성적이 짱이야!

"남에게 부끄럽지 않기 위해서가 아니라 내가 나의 꿈을 위해서 공부한다고 생각하면"

"나태했던 마음도 어느 정도 추스릴 수 있고 그래."

"난… 한 번도 그렇게 생각해 본 적이 없어. 엄마의 기대나 주위 사람들의 기대에 어긋나지 말아야지… 그런 생각은 많이 해 봤지만."

"맞아. 나도 늘 공부는 왜 하는 걸까 생각했었는데 그렇게는 생각 못 해 본 것 같아."

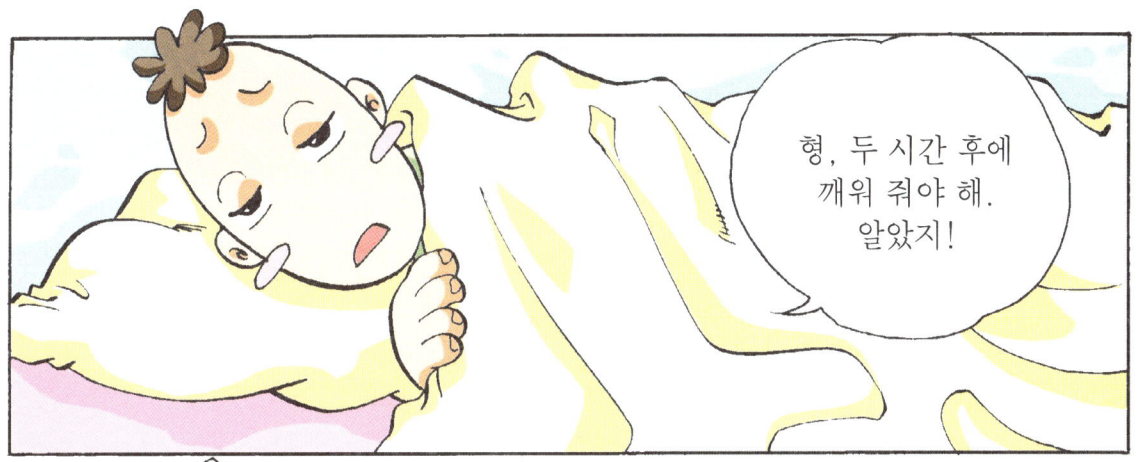
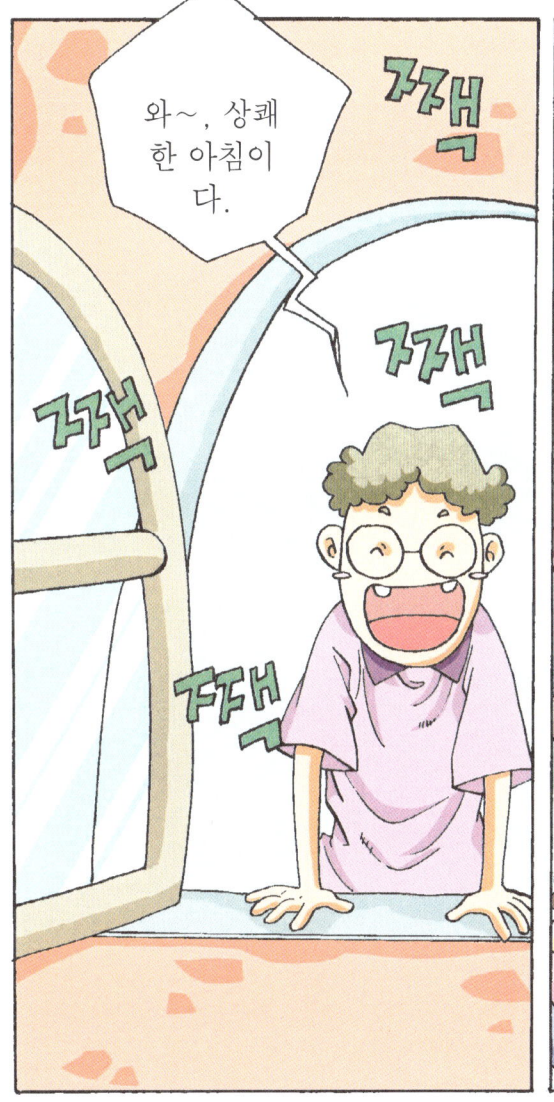

잠도 안 자면서 공부하는 게 얼마나 무식한 것인지 아니?

하지만 어른들은 자는 시간도 아껴서 공부해야 된다고 하시잖아.

사람은 새벽 4~6시 사이에는 집중이 전혀 안 되기 때문에 그 시간에는 공부하나마나야. 시간만 허비하는 거지. 차라리 일찍 자고 아침에 일찍 일어나서 20분 정도 책 들여다 보는 것이 더 능률적이야.

무조건 책상 앞에 오래 앉아 있는 것이 능사가 아니야. 사람의 집중력은 20~25분 정도밖에 되지 않거든. 그러니까 차라리 25분 공부하고 10분 쉬는 게 더 낫다는 거지.

그리고 너 요새 잠을 못 자니까 입맛도 없어서 거의 밥도 못 먹었지? 그러면 안 돼. 너무 많이 먹는 것도 나쁘지만 너무 굶는 것도 나쁜 거거든.

내가 그 동안 너무 무식하게 공부를 했었네.

그래? 난 배가 비워지면 머리가 맑아질 거라고 생각했는데.

공부하고 생각하는 것도 에너지가 필요하잖아. 즉, 뇌에다가 에너지를 공급해 줘야 된다는 말이야.

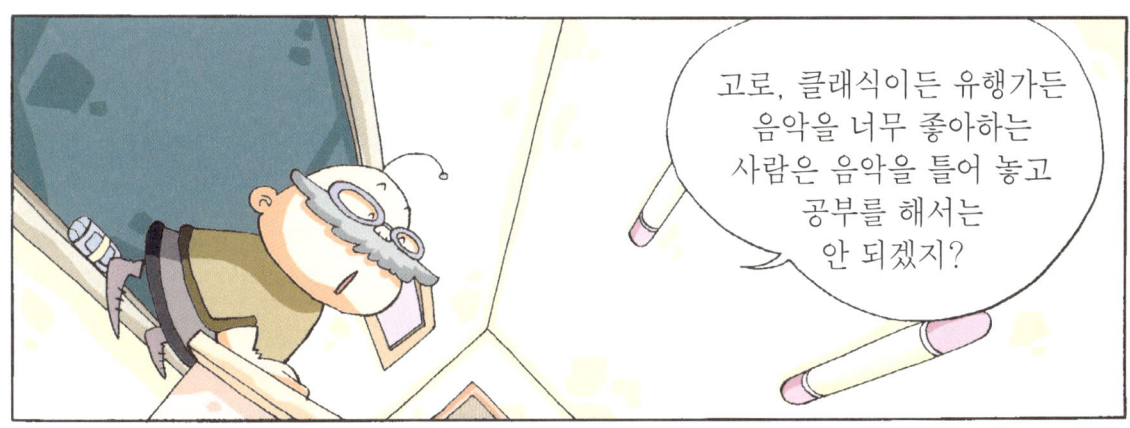

좋은 방법이지. 표어라는 것은 마음을 가다듬기 위해 붙이는 것이니까.

그런데 너무 오랫동안 똑같은 표어를 그대로 붙여 두면 눈에 익숙해져서 눈에 들어오지 않게 된단다.

그러니까 표어 같은 것은 자주 바꿔 주면서 다시 한 번 마음을 추스르는 게 좋겠지?

네~

뭐라 바꾸지?

난 '아자 아자 아자'.

난 '필승'.

난 '사당오락'.

공부를 하기 위한 환경은

바로 자신이 만드는 것이란다.

아무리 안 좋은 환경의 사람도 이걸 이겨 내야지 하는 정신력만 가지고 있으면 누구보다도 잘 할 수 있단다.

하루하루를 마지막 날인 것처럼 최선을 다해 알차고 부지런히 생활한다면 몸도 마음도 머리도 부지런해지고 민첩해지겠죠!

일기를 쓰자

효과적인 공부

너희들은 너무 어린 나이에 공부며 시험에 얽매어 살고 있단다.

그러나 그런 시험 위주의 생활에서 벗어나서 책도 많이 읽고, 가끔은 여러 경험도 했으면 한단다.

늘 공부로 지친 머리도 식힐 겸 만화책이나 다른 책들도 읽어 보고 그러렴.

선생님, 사실 저는 전에 과학 만화책에서 읽었던 내용이 시험에 나와서 맞춘 적이 있어요.

엄마와 아빠도 읽은 명작 모음집

한국아동문학 대표작 선집

한국아동문학학회 엮음

" 꿈과 사랑이 숨쉬는 해맑은 이야기! "
마음을 적셔오는 훈훈한 감동!

한국아동문학 대표작 선집(전12권)은 국내 아동 문학가 114분의 대표적인 단편 동화를 엄선하여 엮은 책으로 어린이들의 상상력을 자극하여 생각을 키우고 감성을 풍부하게 해 줄 뿐만 아니라 올바른 인성과 가치관을 형성하는 데 커다란 도움을 줄 것입니다.

1. 바위나리와 아기별 마해송 외
2. 꿈을 찍는 사진관 강소천 외
3. 눈이 큰 아이 임인수 외
4. 외눈나래새 김병태 외
5. 개구쟁이 만세 이영찬 외
6. 아기개미와 꽃씨 조장희 외
7. 알 게 뭐야 이현주 외
8. 무명저고리와 엄마 권정생 외
9. 생각하는 떡갈나무 이대호 외
10. 지하철역의 나비 김원석 외
11. 바닷가에서 주운 이야기 손수복 외
12. 이상한 안경 김옥애 외

상서각